D1302319

EL MEDIO AMBIENTE EXPLICADO A LOS NIÑOS

PHILIPPE PARAIRE
MARIE-MARTHE COLLIN

Título original: *L'environnement expliqué aux enfants*

Traducción: Victorina Rius Gumbau

1.ª edición: septiembre, 1995

Bailén, 84 - 08009 Barcelona (España)

Impreso en España - Printed in Spain
ISBN: 84-406-5512-6
Depósito legal: B. 27.753-95
Impreso por Gráficas Domingo
Industria, 1 - 08970 Sant Joan Despí

Prólogo

Durante mucho tiempo, los hombres han vivido en su planeta, en nuestro planeta, como si fuera eterno y sus recursos fueran inagotables.

Desde que el hombre existe, respira aire, bebe agua, come cereales, frutas, verduras y animales que le proporciona el medio en el que vive. Este medio, que es nuestro medio ambiente y nos rodea por todas partes, es un conjunto frágil y complejo.

Ahora bien, la especie humana crece sin cesar. Para alimentarse y para mejorar su modo de vida utiliza técnicas de producción industrial y agrícola que replantean el curso normal de la evolución y el equilibrio natural del planeta.

Hoy en día todos sabemos que nuestro medio ambiente está amenazado: el aire está cada vez más cargado de polvo y gases peligrosos, las aguas más contaminadas, los bosques son cada vez más pequeños, las ciudades más grandes, los residuos se acumulan y algunos animales desaparecen. Paralelamente, se están produciendo las primeras irregularidades climáticas.

Proteger el medio ambiente hoy significa, ante todo, entender cómo se puede crear de nuevo el equilibrio natural y, después, encontrar el modo que permita al hombre continuar su desarrollo sin poner en peligro su futuro.

Aunque ya es algo tarde, todavía no lo es demasiado...

SUMARIO

EL HOMBRE EN SU MEDIO AMBIENTE

LA PROTECCIÓN DE LA ATMÓSFERA

LA PROTECCIÓN DEL AGUA

LA PROTECCIÓN DEL SUELO, DE LOS BOSQUES Y DE LOS CULTIVOS

RIESGOS TECNOLÓGICOS MAYORES Y ENERGÍAS ALTERNATIVAS

CAMBIEMOS DE COSTUMBRES

El hombre en su medio ambiente

¿Puede desaparecer la especie humana?

Vivimos en un planeta que constituye nuestro medio ambiente natural. Si éste se degrada en exceso, podemos desaparecer.
Pero la especie humana es una especie inteligente (somos el único animal capaz de razonar). Para preservar y utilizar del mejor modo posible nuestro medio de vida, tenemos que ponernos de inmediato a estudiar y entender todas las causas que podrían perturbar gravemente su funcionamiento.

¿Han desaparecido ya especies animales de un modo natural?

Un gran número de animales aparentemente muy potentes han desaparecido por completo a causa de la destrucción de su medio ambiente: los dinosaurios perecieron víctimas de un cambio climático (probablemente por un fuerte aumento de la temperatura), lo mismo que, mucho más tarde, el rinoceronte lanoso y el mamut. Si el clima de nuestro planeta cambiara, en esta ocasión por culpa nuestra, la especie humana se encontraría a su vez en peligro.

¿Por qué el hombre es un peligro para su medio ambiente?

Cada vez hay más hombres. Ocupan todos los continentes, cruzan los mares, se desplazan por los aires. Se concentran en grandes ciudades, en las regiones costeras del hemisferio norte. No se preocupan demasiado por la evolución natural de las zonas que habitan y la alteran profundamente.

¿Cuáles son los daños más graves?

Las mareas negras, los accidentes nucleares, la contaminación atmosférica y la desaparición de los bosques son serios atentados contra el equilibrio natural de la vida en el planeta.
Cada año la contaminación de origen humano causa la muerte de un gran número de animales marinos. Recientemente, tras el accidente ocurrido en la central nuclear de Chernóbil, seres humanos han muerto víctimas de las radiaciones y también muchísimos animales.

¿Es cierto que el aire es irrespirable en algunas ciudades?

La situación no es casi nunca tan grave, pero en Atenas, en 1987, murieron asfixiadas 300 personas por culpa de la contaminación. En México algunos días es tan peligroso respirar como fumarse un cigarrillo. En Barcelona, una nube de polvo industrial causó numerosas víctimas en 1988. En conjunto, el aire de las grandes ciudades es de mala calidad, y los niños que habitan en ellas están más a menudo enfermos de los bronquios que los que viven en el campo.

Ecuador
1 PUNTO REPRESENTA 200.000 HABITANTES

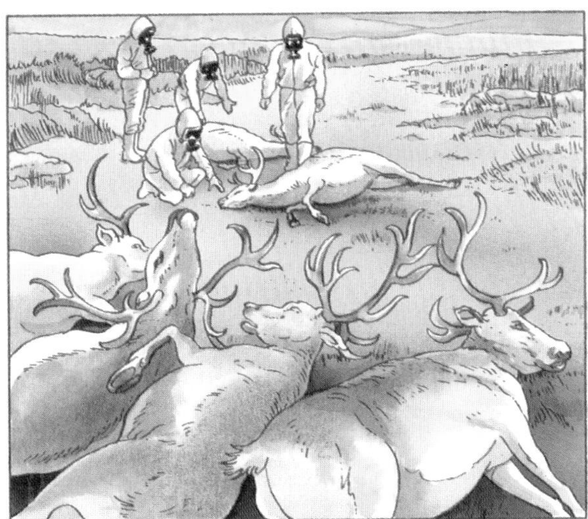

¿ESCASEARÁ EL AGUA DENTRO DE CIEN AÑOS?

Si seguimos malgastando el agua dulce y contaminando el agua de los mares, ríos y lagos, si la polución de la atmósfera contamina el agua de lluvia, el agua potable podría convertirse en un producto escaso y caro dentro de cien años.
Este fenómeno se vería agravado por el incremento de la población humana en el mismo período de tiempo.

¿ESTÁ LA TIERRA REALMENTE ENVENENADA?

Por ahora solamente se ha observado una subida de los porcentajes de productos tóxicos o poco destructibles en los suelos y en las bolsas de agua subterráneas. En cuanto a la radiactividad emitida por las centrales nucleares y las pruebas nucleares, es aún débil a pesar de lo espectacular de los últimos accidentes. No obstante, habrá que encontrar rápidamente el modo de almacenar, sin peligro para el medio ambiente, los residuos radiactivos producidos por las centrales.

¿VAN A DESAPARECER MUCHOS ANIMALES POR CULPA EXCLUSIVAMENTE DEL HOMBRE?

Las ballenas, las tortugas marinas, los elefantes, los rinocerontes, los gorilas y un número aún desconocido de peces y de aves no llegarán más allá del año 2000, a menos que la caza cese inmediatamente y que la polución de las aguas costeras disminuya.
Pero por ahora la caza ilegal continúa en África, a pesar de la intervención de los gobiernos locales.
También la caza de la ballena sigue practicándose, aunque recientemente ha disminuido algo.

2030?

¿SON LAS INDUSTRIAS LAS ÚNICAS RESPONSABLES?

Toda contaminación empieza por echar residuos a la tierra, al agua o al aire de nuestro planeta. La mayor cantidad de residuos es la producida por la actividad industrial. Sin embargo, los automóviles contaminan muchísimo, así como algunas malas costumbres de las que debemos deshacernos individualmente, como malgastar agua o papel. A esto podemos añadir también la falta de respeto de los visitantes hacia los espacios naturales.

¿ES SIEMPRE NEFASTA LA ACCIÓN DEL HOMBRE?

Desde hace algún tiempo, el hombre ha tomado conciencia de los desgastes que estaba produciendo en el planeta. En vista de ello empezó a adoptar una actitud más responsable respecto a su medio ambiente: se crearon parques naturales, se prohibió la caza de algunas especies para evitar su extinción, se llevaron a cabo misiones sanitarias en las reservas africanas y se acondicionaron más racionalmente los ríos. Es de esperar que estas iniciativas aporten importantes mejoras para el próximo siglo.

¿PODEMOS ACONDICIONAR SIN DESTRUIR?

Todos los gobiernos lo tienen en cuenta. De ahora en adelante ningún proyecto dará comienzo sin que se estudien antes sus consecuencias sobre el medio ambiente. Es lo que se llama «estudio de impacto». Este estudio permite impedir realizaciones que desequilibren en exceso. Así, las autopistas, las vías férreas para el AVE y los pantanos prevén pasos para los animales y procuran casi siempre proteger los bosques.

LA PROTECCIÓN DE LA ATMÓSFERA

¿DE QUÉ SE COMPONE LA ATMÓSFERA?

Respiramos una mezcla de varios gases, principalmente nitrógeno (78 %) y oxígeno (21 %). El resto (1 %) se compone de gases nobles, sobre todo argón.
A esto hay que añadir pequeñas cantidades de vapor de agua, gas carbónico y ozono. A pesar de ello, el clima de nuestro planeta depende única y exclusivamente del equilibrio de estos últimos componentes.

¿CUÁLES SON LOS DESEQUILIBRIOS PRODUCIDOS POR EL HOMBRE?

La actividad humana introduce en la atmósfera cantidades inhabituales de los componentes naturales (vapor de agua, gas carbónico, metano, protóxido de nitrógeno) o artificiales (clorofluocarbonos, o «CFC»). Estos gases calientan la temperatura de la tierra, provocan lluvias ácidas o disuelven la capa natural de ozono, con lo que algunas regiones del planeta están gravemente afectadas por la polución atmosférica.

PLANISFERIO DEL AIRE RESPIRABLE

¿Por qué el ozono es necesario para los seres vivos?

El ozono, situado en la capa alta de la atmósfera, actúa como un filtro o una sombrilla frente a determinadas radiaciones solares: los rayos ultravioleta. Éstos son muy peligrosos y pueden atentar contra la vida de las plantas, de los animales y del hombre. Así, por ejemplo, a causa de la reducción de la capa de ozono por encima de Australia, las insolaciones de los habitantes y de los veraneantes vienen siendo más graves estos últimos años.

¿Qué es el «efecto invernadero»?

Un invernadero es una construcción de cristal o de material plástico que se utiliza para acelerar el crecimiento de las plantas gracias a una mayor temperatura del aire. Ciertos gases, reunidos en una capa fina a una altura media, producen este aumento de temperatura en el planeta al capturar los rayos calientes (los infrarrojos) en el interior de la atmósfera. Así, el calor procedente del sol, atrapado por esta «tapadera» de gases, podría aumentar 3 °C en cien años, con lo que todos los climas se verían afectados.

¿De dónde procede el plomo que se encuentra en el agua de lluvia?

El plomo es un metal que se mezcla con la gasolina para que los automóviles funcionen mejor. Al quemarse, el carburante echa al aire este plomo que vuelve a caer al suelo con las gotas de lluvia. En algunos países la gente se protege a veces de estos gases con una mascarilla de tela.

¿De dónde procede la acidez del agua de lluvia?

En el carbón y en el fuel hay rastros de azufre que, una vez quemado, se mezcla con el agua de lluvia y produce ácido sulfúrico.
En las botellas y los papeles de embalaje de policloruro de vinilo (PVC), en los insecticidas y en los productos de limpieza, hay cloro. Cuando se queman estos productos, el cloro se mezcla con la lluvia.
Todas las combustiones del planeta, naturales e incluso industriales, producen óxidos de nitrógeno que dan ácido nítrico.

¿Son peligrosas las lluvias ácidas?

Al mezclarse con el agua de los ríos y de los lagos, las lluvias ácidas contaminan el medio natural de las plantas y de los animales de agua dulce: el cangrejo de río, el salmón y el caracol son los primeros en morir. El lucio, la perca y la anguila resisten mejor. Si el agua se vuelve más ácida, solamente algunos gusanos y bacterias pueden sobrevivir.
Por otra parte, las lluvias ácidas atacan los bosques, que producen parte del aire que respiramos. Representan pues un peligro indirecto para el hombre.

¿De dónde proceden los gases que destruyen el ozono?

De la fabricación y del funcionamiento de los refrigeradores domésticos e industriales en primer lugar. Pero esos mismos gases sirven para fabricar espuma sintética (colchones, asientos de automóviles) y se usan también como propulsores en los aerosoles (en perfumería y productos domésticos). Otros gases parecidos, los halones, se utilizan en los extintores. Los países ricos producen el 85 % de estos gases.

FUEL

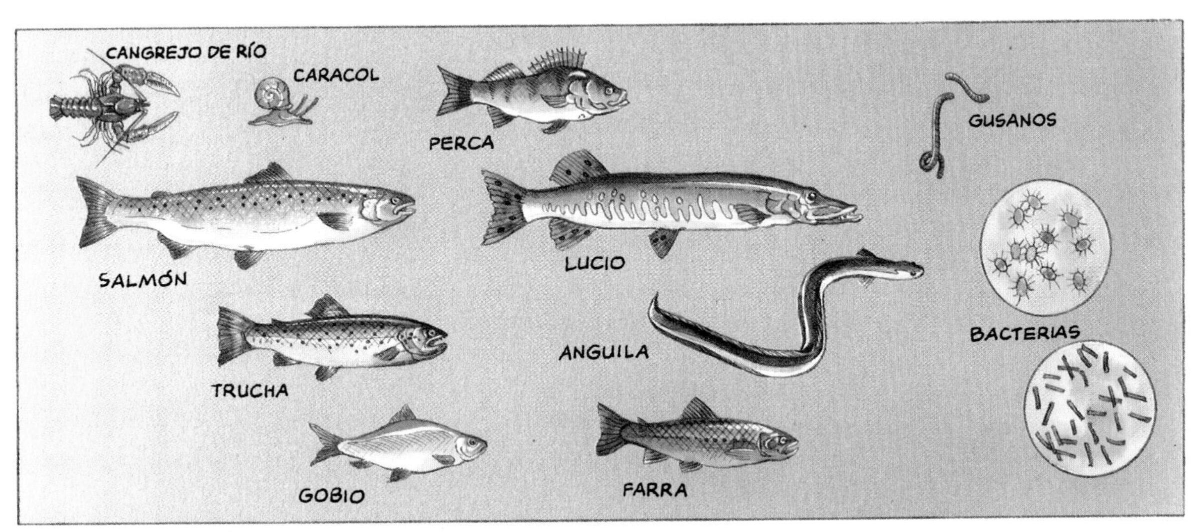
CANGREJO DE RÍO
CARACOL
PERCA
GUSANOS
SALMÓN
LUCIO
BACTERIAS
ANGUILA
TRUCHA
GOBIO
FARRA

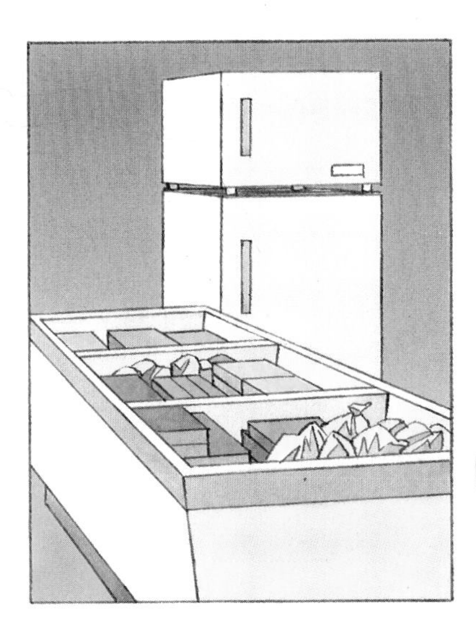

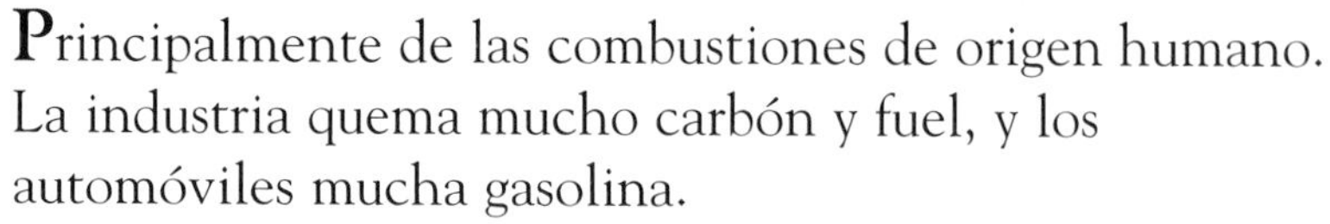

¿De dónde procede el gas carbónico que provoca el efecto invernadero?

Principalmente de las combustiones de origen humano. La industria quema mucho carbón y fuel, y los automóviles mucha gasolina.
A esto hay que añadir los incendios de los bosques y la respiración de miles de millones de seres vivos del planeta. El hombre, por ejemplo, cuando respira, utiliza el oxígeno que hay en el aire. Tras una reacción química natural que se produce en el interior de sus pulmones, echa gas carbónico a la atmósfera.

¿De dónde procede el metano que interviene en el efecto invernadero?

Todos los animales vegetarianos del planeta (rumiantes, hombres e insectos) producen gases de digestión que contienen metano.
Algunos cultivos, como el del arroz, así como la descomposición natural de los vegetales en las ciénagas y en las selvas tropicales o ecuatoriales producen este mismo gas.

¿Son todos estos gases peligrosos para el hombre?

No, en absoluto. Ni el gas carbónico, ni el ozono, ni el metano, ni los «CFC» en cantidades normales pueden enfermarnos. Pero nuestra actividad cotidiana trastorna demasiado rápidamente el equilibrio entre estos gases. De ahí viene el peligro: de esta evolución demasiado rápida de la atmósfera. En cambio, el polvo industrial, el aceite que se desprende de los gases de los vehículos y el plomo son peligrosos, y a veces mortales, para los niños y los ancianos de algunas grandes ciudades (México, Atenas, Nueva York, Shanghai, Tokio, Londres o París).

RUMIANTES
CIÉNAGAS
HOMBRES

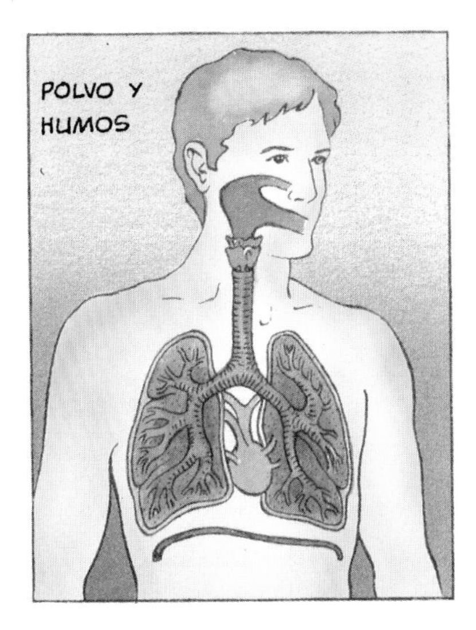
POLVO Y
HUMOS

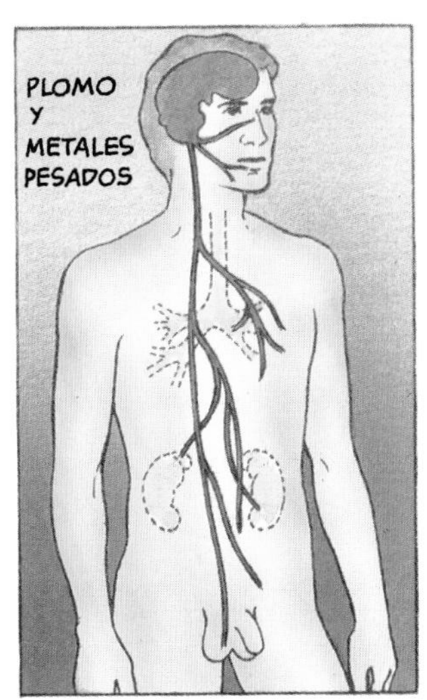
PLOMO
Y
METALES
PESADOS

La protección del agua

¿Están los mares gravemente contaminados?

Por ahora, sólo las aguas marinas que bañan Europa y América del Norte están realmente afectadas, cerca de los estuarios de los grandes ríos, por los residuos de las grandes ciudades y de la industria.
Además, el mar recibe en su superficie lluvia cargada de productos tóxicos. ¡Ya se han encontrado restos de metales pesados (plomo, cadmio, níquel) lejos de las costas, en los limos de las fosas oceánicas, a 4.000 metros de profundidad y de 10 centímetros de espesor!

¿Qué repercusiones tiene este desequilibrio en la vida submarina?

La acidez del agua, la concentración de metales, de detergentes y de microbios procedentes de las lluvias contaminadas o de aguas residuales matan en seguida la vegetación submarina del litoral. Los peces mueren o se van. Esto explica por qué los paisajes submarinos van perdiendo belleza a lo largo de las costas europeas y norteamericanas próximas a las grandes ciudades del litoral.

1950

1990

¿QUÉ OCURRE CON LOS ELEMENTOS CONTAMINANTES ECHADOS AL MAR?

Algunos se disuelven en el agua y no se ven. Otros permanecen en suspensión, especialmente cuando el agua está saturada. La mayor parte son absorbidos por los animales y plantas marinos. Si no, se acumulan en el fondo de los océanos y no desaparecen jamás. Es lo que se llama la «contaminación difusa».

¿ES PELIGROSA PARA EL HOMBRE LA CONTAMINACIÓN DIFUSA?

En algunos casos, la carne de los animales puede estar saturada de productos tóxicos y conllevar enfermedades muy graves. En Minamata, en Japón, numerosas personas se intoxicaron con el mercurio que impregnaba la carne de los atunes pescados en aguas que estaban muy contaminadas.

¿QUÉ ES EL «DESGASAJE»?

Algunos barcos transportadores de petróleo limpian sus bodegas ilegalmente dejando entrar en ellas agua de mar que echan inmediatamente después. Esta agua de «aclarado», muy manchada, constituye el 90 % de la contaminación de los mares, mucho más que las espectaculares mareas negras. Estas prácticas deberían estar más severamente penalizadas.

¿De dónde procede el agua potable?

El agua dulce representa menos del 1 % del total de agua en el planeta, que es en su mayor parte salada. El agua que bebemos procede del agua de lluvia, de los ríos y lagos, pero para poderla consumir tenemos que depurarla. También se obtiene el agua dulce de capas subterráneas bombeándola desde más o menos profundidad.

¿Es escasa hoy en día el agua potable?

En realidad, no. Pero los recursos de agua dulce en el planeta son limitados: si la contaminación se incrementa y los hombres, cada vez más numerosos, siguen malgastando el agua potable, podría escasear durante el próximo siglo.
En algunas partes del mundo la sequía es tal que las plantas, los animales y los hombres carecen de agua, como ocurre especialmente en África occidental.

¿Qué elementos contaminan el agua potable?

La lluvia es cada vez más ácida por culpa de las industrias y está más cargada de plomo por culpa de los gases de los automóviles.
Los ríos están contaminados por las aguas residuales del alcantarillado y por los accidentes industriales.
El agua de los lagos se vuelve ácida a causa de la lluvia y se contamina con los nitratos que son empleados en la agricultura y arrastrados por los ríos.
Todo ello va a parar al mar, que no podrá absorber eternamente tantos residuos.

ABONO
NITRATOS

¿Qué características tiene el agua potable?

Para ser considerada como potable, el agua dulce natural o la que proviene de las plantas depuradoras ha de ser cristalina, inodora y oxigenada.
Por otro lado, no debe contener ni materias orgánicas ni gérmenes peligrosos, ni metales, ni minerales disueltos en cantidades fuera de lo normal.
Para que sea agradable beberla, además, debe estar fresca en cualquier época del año.

¿Se pueden depurar las aguas residuales?

Nunca del todo. Las plantas depuradoras purifican las aguas utilizadas por los habitantes de las grandes ciudades gracias a complicados sistemas. Tras el tratamiento permanecen entre un 5 y un 30 % de los residuos y los gérmenes; se espera que los ríos, adonde van a parar estas aguas parcialmente depuradas, puedan depurarlas de un modo natural.

¿Hay algún modo de proteger los animales y las plantas de los ríos y lagos?

Nunca del todo. Miles de peces mueren cada año por culpa de los vertidos industriales.
Por otra parte, los pantanos modifican las costumbres de los peces y los lagos acidificados por las lluvias se convierten en desiertos acuáticos.
Sin embargo, ya desde ahora, el hombre está haciendo esfuerzos para reconstruir la fauna y la flora del agua dulce limitando los vertidos peligrosos. Desde hace unos años, algunos peces, como el salmón y la trucha, vuelven a los ríos y torrentes.

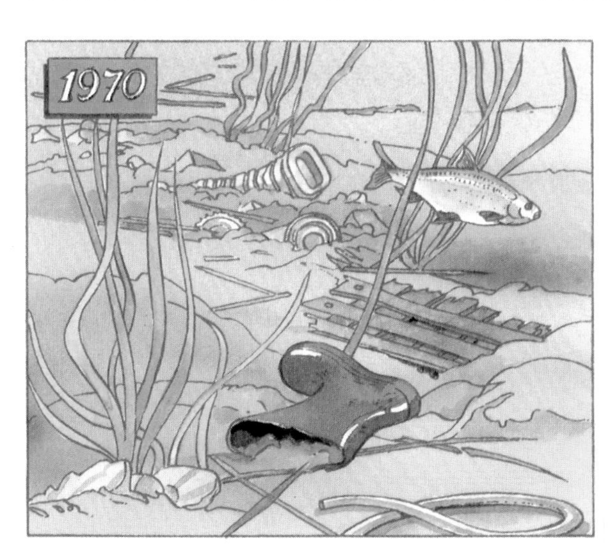
1970

1990

La protección del suelo, de los bosques y de los cultivos

¿Cuáles son los agentes contaminantes del suelo?

Las lluvias ácidas y los abonos nitrogenados (nitratos) modifican el equilibrio natural del suelo. Las partículas de metales pesados transportadas por el viento y los pesticidas esparcidos por los agricultores alteran la función de filtración del suelo, poniendo así en peligro la calidad de las aguas subterráneas.

¿Se puede proteger el suelo de las lluvias ácidas?

Difícilmente. Se puede echar cal a las tierras cultivadas para salvar los cultivos, pero es difícil hacer lo mismo en los bosques para proteger los árboles. Valdría más reducir los vertidos de productos tóxicos a la atmósfera. Actualmente, en algunas regiones del norte de Europa, hay lluvias tan ácidas como el zumo de limón.

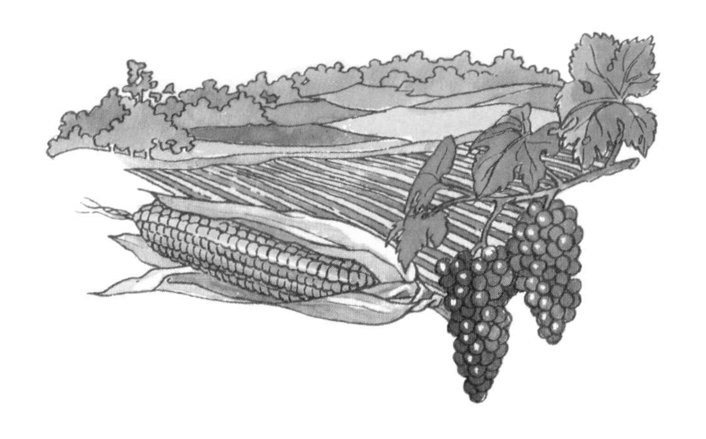

¿Por qué desaparecen los bosques en Europa?

Durante la Edad Media los hombres talaban los árboles para obtener tierras cultivables.
Hoy en día, los incendios (accidentales o provocados, pero raras veces naturales) y las lluvias ácidas destruyen lenta pero eficazmente los bosques centroeuropeos y mediterráneos. Las lluvias ácidas matan en primer lugar pinos y abetos, cuyas hojas amarillean y caen anunciando la muerte del árbol.

¿Por qué desaparecen los bosques en América del Norte y en África occidental?

En Canadá y en Estados Unidos, algunos incendios, favorecidos por la falta de agua y la ausencia de vigilancia en los bosques, han llegado a durar meses.
En África occidental, la sequía y los cultivos sobre chamiceras han permitido al desierto del Sahara avanzar 200 kilómetros al sur y al oeste en 20 años.

¿Por qué desaparecen los bosques en América del Sur?

La selva amazónica pierde 27.000 km^2 al año. A este ritmo, puede haber desaparecido antes del año 2000. La explotación excesiva del bosque, la creación de grandes carreteras y la tala agrícola han de cesar rápidamente para evitar que la selva tropical y ecuatorial más vasta del planeta se convierta próximamente en una árida sabana.

¿Se reducen los bosques por causas naturales?

Algunos insectos devastadores (orugas, hormigas rojas, termitas) pueden atacar el bosque sin que por ello se vea destruido.
Por otra parte, en la selva tropical, los grandes árboles abatidos por un rayo o por el viento pueden ahogar la vegetación inferior e impedir, solamente en este lugar, que vuelvan a crecer grandes árboles. Pero estas causas naturales son incapaces de destruir una selva entera.

¿Puede ser peligrosa la desaparición de los bosques?

Se supone que hay que contar con cambios climáticos en todo el planeta.
Ya en Asia, la deforestación del Himalaya hasta una altura de 2.000 metros provoca corrientes de agua cada vez mayores. Actualmente, las aguas del Ganges inundan Bangladesh con regularidad, causando miles de víctimas cada año en un país ya pobre de por sí.

¿Se puede proteger un bosque?

En Francia, los bosques de los Landes, creados por el hombre casi en su totalidad, son concienzudamente explotados, mantenidos y vigilados. Los bosques abandonados, llenos de maleza que puede arder con facilidad, corren mayor peligro; los incendios causan estragos en ellos.
Se hace imprescindible pues que los propietarios de las zonas de bosque los desbrocen y que se abran cortafuegos destinados a evitar una propagación demasiado rápida de los incendios.

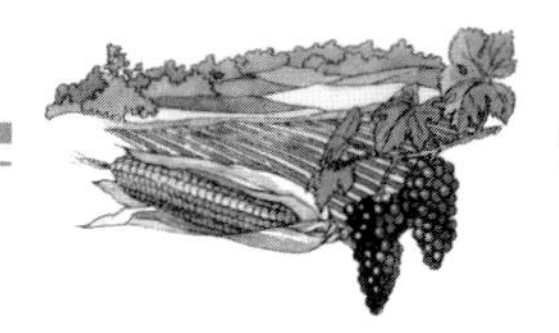

¿CUÁLES SON LOS ENEMIGOS NATURALES DE LOS CULTIVOS?

Las inclemencias del tiempo (hielo, sequía, viento, inundaciones) pueden ocasionar muchos daños. Pero los insectos y los animales campestres (el escarabajo de la patata, la filoxera, las orugas, los caracoles, las babosas, los roedores y los pájaros) causan la destrucción parcial o total de las cosechas. Los virus y las bacterias se combaten con pesticidas.

¿CUÁLES SON LOS PRINCIPALES PESTICIDAS?

El DDT, los derivados del pelitre y los insecticidas a base de fósforo han permitido atacar a los insectos devastadores (estos productos paralizan sus centros nerviosos).
Por su parte, los herbicidas son útiles para destruir las plantas parásitas, y los fungicidas eliminan los hongos microscópicos que ahogan las hojas de las plantas cultivadas.

¿POR QUÉ HAY QUE LIMITAR SU USO?

Los pesticidas sintéticos empleados masivamente en los últimos cuarenta años han impregnado lentamente los suelos, arrastrados por el agua de lluvia. Tienen tendencia a contaminar las bolsas subterráneas de agua potable.
Por otra parte, más de medio centenar de especies de insectos devastadores se han acostumbrado a este tipo de productos, que ya no les hacen efecto.

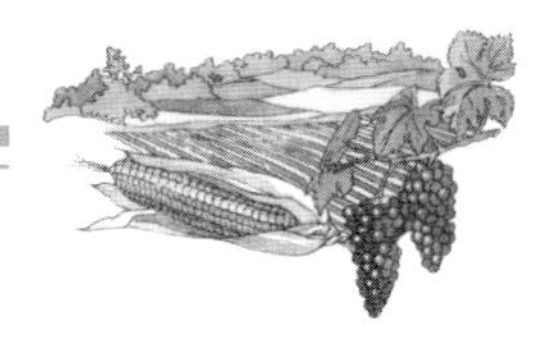

¿Es mejor la agricultura tradicional que la agricultura industrial?

Las técnicas industriales son mucho más eficaces: las cosechas son más abundantes y los animales de cría más numerosos. Sin la agricultura industrial nos podrían faltar alimentos. Pero los nitratos empleados como abono contaminan el suelo.
En determinadas condiciones, la agricultura tradicional es más adecuada, como cuando no se pueden utilizar las máquinas (en los campos de bancales o en los flancos de las colinas).

¿Cuáles son los resultados de la agricultura científica?

A través de cruces sucesivos, los animales de cría y las plantas de cultivo han sido seleccionados cuidadosamente. De este modo se han obtenido mazorcas de maíz cada vez más grandes o vacas que dan cada vez más leche. Hoy en día esta selección ha tomado un cariz científico y el hombre es capaz de producir nuevas plantas: el triticale, por ejemplo, cereal muy resistente, proviene de un cruce entre el trigo y el centeno.

¿Habrá siempre comida suficiente en la Tierra?

Por ahora hay suficientes recursos agrícolas para alimentar al mundo entero, pero los países ricos consumen mucho más de lo necesario. Los países pobres, que producen poco, carecen de agua y de maquinaria agrícola. Padecen hambrunas.
Dentro de un siglo, si no hay un reparto más equitativo de los recursos, la humanidad entera podría padecer hambrunas, sobre todo si la población sigue creciendo al ritmo actual.

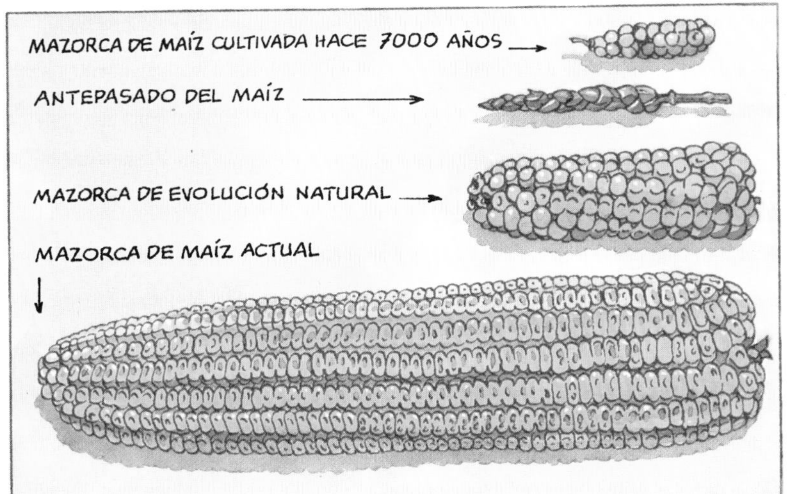
MAZORCA DE MAÍZ CULTIVADA HACE 7000 AÑOS
ANTEPASADO DEL MAÍZ
MAZORCA DE EVOLUCIÓN NATURAL
MAZORCA DE MAÍZ ACTUAL

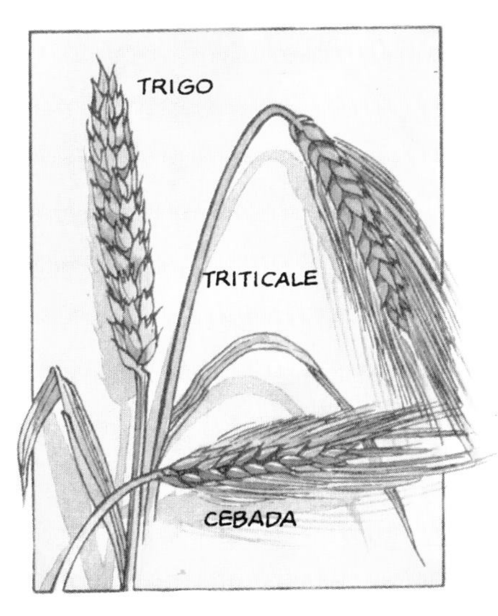
TRIGO
TRITICALE
CEBADA

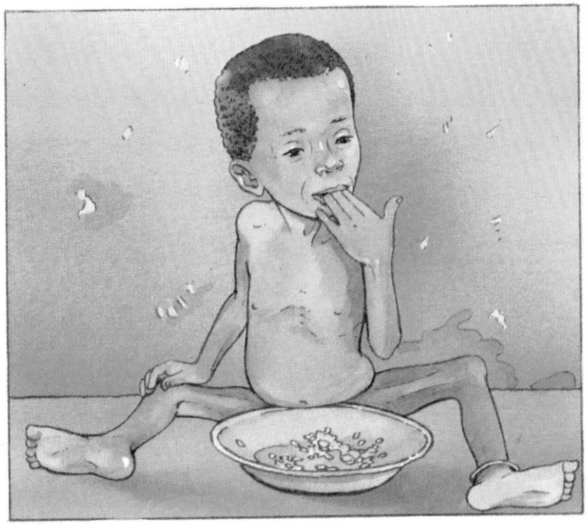

RIESGOS TECNOLÓGICOS MAYORES Y ENERGÍAS ALTERNATIVAS

¿QUÉ ES UN «RIESGO TECNOLÓGICO MAYOR»?

Es un peligro que el hombre establece en el medio ambiente que lo rodea y que sería mortal en caso de accidente.
Algunas industrias químicas ya han sufrido accidentes muy graves: productos tóxicos que se desprendieron en la atmósfera produjeron numerosas víctimas en Bhopal (India) y en Seveso (Italia); el accidente en la central nuclear soviética de Chernóbil lanzó a la atmósfera una nube radiactiva que recubrió toda la Europa del Norte y contaminó los cultivos.

¿CUÁL ES EL PELIGRO TECNOLÓGICO MÁS GRAVE DE NUESTROS DÍAS?

La guerra nuclear. Un conflicto en el que se utilizaran armas nucleares conllevaría la desaparición de la especie humana y de la mayor parte de los animales terrestres. La bomba atómica ya ha sido utilizada una vez. Durante la Segunda Guerra Mundial, las ciudades de Hiroshima y Nagasaki fueron borradas del mapa en tan sólo segundos. Hoy en día estas bombas son aún más potentes.

SEVESO
1976

BHOPAL
1984

¿Es conveniente seguir usando el carbón?

La combustión del carbón libera una gran cantidad de polvo y gases tóxicos. Además, las condiciones de explotación son cada vez más difíciles: las vetas de mineral extraído de las minas son más pobres y escasas. El oficio de minero es, aún hoy, uno de los más peligrosos que existen.

¿Debemos seguir perforando hasta que se acaben las reservas?

Numerosos accidentes han destruido plataformas de perforación alejadas de la costa y han roto los tubos que permiten extraer el petróleo del fondo del mar. Esto ha provocado mareas negras catastróficas. Por otra parte, el transporte del petróleo por barco es lento y contaminante. La marea negra que afectó Alaska manchó 2.000 km de costas y mató miles de pájaros, focas y ballenas.
Hoy en día, la explotación del petróleo debería limitarse a las plataformas terrestres y se debería dar prioridad al transporte por oleoductos, menos arriesgado y más barato.

¿Podemos prescindir de la energía de origen nuclear?

Por ahora parece difícil, teniendo en cuenta el incremento mundial de consumo de electricidad. Pero las centrales nucleares siguen siendo peligrosas pese a los esfuerzos dedicados a su seguridad. Más valdría malgastar menos energía e investigar en profundidad el campo de las energías alternativas, que son poco contaminantes y algunas de las cuales empiezan a ser rentables. Por otra parte, el almacenaje de los residuos radiactivos plantea un problema absolutamente difícil de resolver.

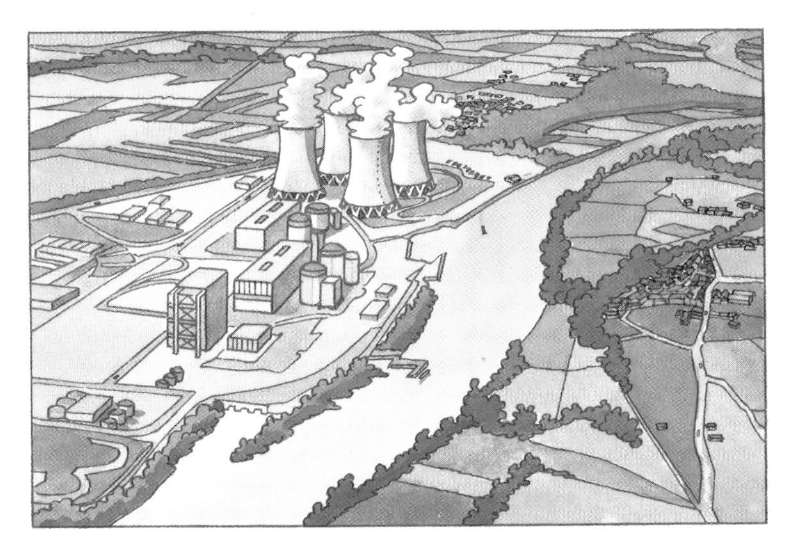

¿Son eficaces las técnicas hidroeléctricas utilizadas hasta ahora?

Sí, completamente. Las presas aportan una parte importante de la electricidad consumida, pero presentan el inconveniente de anegar regiones enteras al hacer subir el nivel del agua. Por ello, numerosos pueblos pequeños han tenido que ser abandonados porque se los traga la subida de las aguas. Habría que procurar construir presas solamente en zonas deshabitadas.

¿Se puede producir en todas partes energía solar o eólica?

Solamente se puede producir energía solar en los países muy soleados, como en el sur de Europa, África, Centroamérica, Oriente Medio, el sur de Asia y Australia.
En cuanto a la energía producida por el viento, sólo puede ser rentable en las regiones donde sopla un viento regular y dominante. Hay pocas de estas regiones en el mundo.

¿Qué es la geotermia?

Es la utilización del calor natural del planeta, de las aguas termales y, en el futuro, quizá de los volcanes. Por ejemplo, en muchas localidades que rodean París, la calefacción proviene de una bolsa de agua subterránea profunda, caliente de por sí.

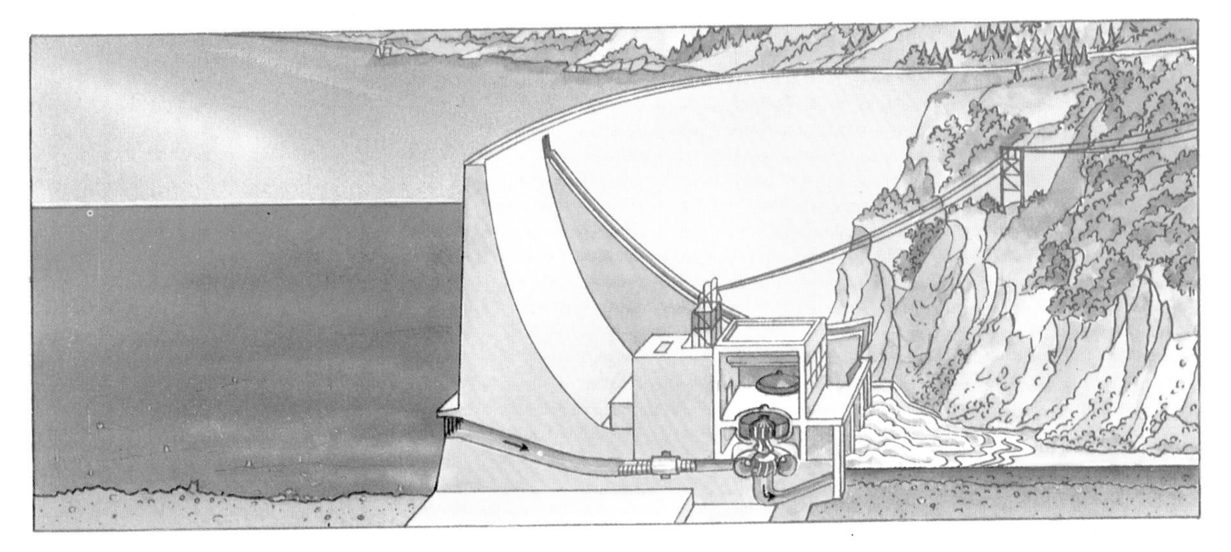

Cambiemos de costumbres

¿Por qué no hay que tirar nada, especialmente en plena naturaleza?

Porque los embalajes metálicos y plásticos necesitan varias decenas de años para desaparecer de un modo natural. Contaminan gravemente el suelo y el agua. Algunas bolsas de plástico que los paseantes tiran a lo largo de las costas matan a las tortugas marinas; ellas creen que son medusas, se las tragan y se ahogan en seguida.

¿Por qué hay que reciclar los recipientes metálicos?

Para fabricar los recipientes que contienen bebidas gaseosas se utiliza el aluminio, que cuesta caro producir y contamina bastante. Recolectando estas latas y fundiéndolas de nuevo se pueden fabricar otros objetos, como se hace ya en Estados Unidos, por ejemplo. De este modo se puede proteger el medio ambiente al tiempo que se evita malgastar este valioso metal.

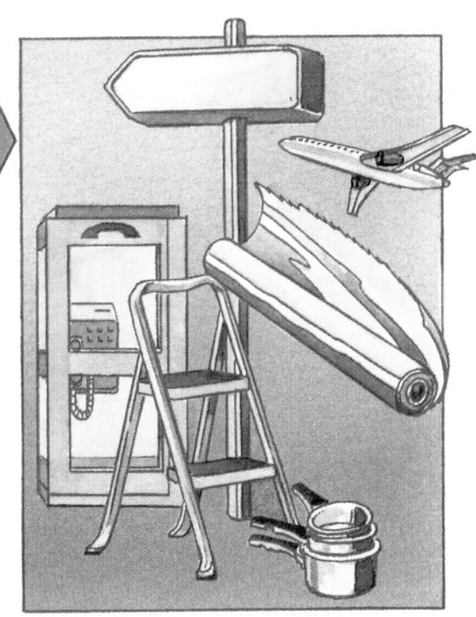

¿POR QUÉ HAY QUE DEJAR DE MALGASTAR PAPEL?

La mayor parte del papel utilizado para fabricar periódicos, libros, cuadernos, embalajes y cartones se produce a partir de pasta de papel hecha con madera. Malgastar papel es pues una de las causas por las que los bosques desaparecen. Para evitarlo, se han empezado a recoger algunos tipos de papel que son convertidos de nuevo en pasta para volver a hacer papel.

¿CONTAMINAN POR IGUAL TODOS LOS DETERGENTES QUE UTILIZAMOS?

Todos los detergentes contienen productos muy peligrosos para el medio ambiente, como los fosfatos, por ejemplo, o algunas sustancias consideradas sustitutorias pero que son tan tóxicas como ellos.
Sin embargo, hay un jabón más natural, en escamas, que desgasta menos las prendas y contamina menos las aguas. Es preferible usarlo siempre en vez de los detergentes «duros», cuyo uso es excesivo.

¿POR QUÉ ES MEJOR USAR BOTELLAS DE CRISTAL QUE DE PLÁSTICO?

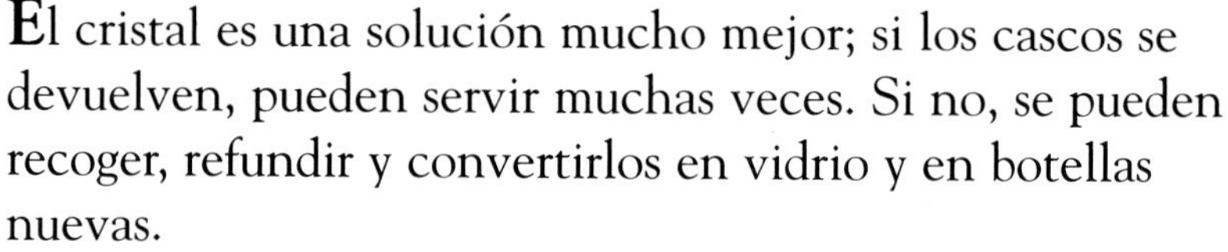

El cristal es una solución mucho mejor; si los cascos se devuelven, pueden servir muchas veces. Si no, se pueden recoger, refundir y convertirlos en vidrio y en botellas nuevas.
El plástico no permite ni la devolución ni tampoco la recuperación.

PAPEL
RECICLADO

FOSFATÍN
MÁS BLANCO
SOSA
HIPOCLORI-
DE SOSA
AGUARRÁS
LEJÍA

SOLAMENTE VIDRIO

¿SE PUEDE INFLUIR EN LOS INDUSTRIALES?

Somos los clientes de la industria. Comprando los productos menos contaminantes, renunciando a los que son peligrosos, podemos presionar a los industriales para que orienten su fabricación hacia técnicas y materiales más adecuados para el medio ambiente.

¿HAY QUE LIMITAR EL CONSUMO DE AGUA POTABLE?

Los habitantes de los países desarrollados consumen una media de 150 litros de agua por día. Los del Tercer Mundo apenas llegan a 5.
Hemos de controlar este derroche evitando utilizar la lavadora y el lavavajillas si no están bien llenos, lavando con menos frecuencia los automóviles o duchándonos en vez de bañarnos.
De lo contrario, tarde o temprano esta limitación será obligatoria.

¿CONTAMINA LA VELOCIDAD?

Un automóvil que circule a 130 kilómetros por hora quema el doble de oxígeno y desprende el doble de gas carbónico que circulando a 90 kilómetros por hora.
Por ello, habría que limitar todas las velocidades a menos de 100 kilómetros por hora tanto en carretera como en autopista (en Estados Unidos, la velocidad máxima autorizada es de 75 millas, o sea, 93 kilómetros por hora).
La circulación urbana también tendrá que sufrir limitaciones en los próximos años, como ya ocurre en Atenas y en Milán, en función del grado de contaminación.

PLÁSTICO
CFC
FOSFATOS
CELULOSA

SIN FOSFATOS
CRISTAL
VAPORIZADOR
TELA

150 LITROS DIARIOS
5 LITROS DIARIOS

100 LITROS EN 30 MINUTOS

¿POR QUÉ NO HAY QUE SEGUIR COMPRANDO OBJETOS DE MARFIL?

El comercio de colmillos de elefante, con los que se fabrican objetos y joyas de marfil, es la causa que determina la próxima desaparición de estos animales. La industria moderna es capaz de producir materiales tan hermosos como el marfil. Hay que fomentar esta tendencia a sustituirlo por productos sintéticos o por piedras naturales y dejar de comprar inmediatamente objetos de marfil.
En Francia está prohibida la importación de marfil desde el 1 de enero de 1990.

¿ES CIERTO QUE SE UTILIZA LA CARNE DE BALLENA?

Un buen número de productos alimenticios para animales contienen carne de ballena, principalmente en Japón y en los países del Este. Hay que exigir que se deje de masacrar a las especies amenazadas, ya que hay otras maneras de procurarse excedentes de comida para alimentar a los animales domésticos y de cría.

¿ES LÓGICO PONERSE ABRIGOS DE PIEL?

Las pieles de los animales cazados a propósito para ello no abrigan más que las que la industria moderna es capaz de producir. Entonces, ¿por qué seguir masacrando lobos, visones o leopardos (¡por ejemplo!) si ni siquiera nos comemos la carne, cuando existen imitaciones sintéticas preciosas y mucho más baratas?

¿CUÁL ES EL BALANCE DE LA CAZA LEGAL E ILEGAL EN ÁFRICA?

Hoy en día quedan 10 rinocerontes blancos (había unos 2.000 en 1960). Aún viven unos 3.500 rinocerontes negros, pero la caza ilegal persistente los merma.
En 1950 había cerca de 100.000. El número de elefantes pasó en veinte años de 3.000.000 a 700.000 ejemplares.
En la mayor parte de los países africanos, basta con efectuar en la aduana el pago legal de una determinada cantidad para tener derecho a matar uno o varios leones, un elefante o leopardos.

¿HAY QUE PROHIBIR LA CAZA DEPORTIVA?

Por supuesto. Hay que prohibir todo tipo de caza que pueda poner en peligro especies animales. En Europa, la caza está muy reglamentada, pero el mal ya está hecho: la mayor parte de piezas de caza son animales de cría que han sido soltados.
En el resto del mundo hay que exigir el cese inmediato de la caza y promocionar el safari fotográfico, también deportivo. De lo contrario, no habrá fieras ni tampoco paquidermos en libertad más allá del año 2000 por culpa únicamente del hombre.

¿HAY QUE PROHIBIR LA PESCA DEPORTIVA?

Muchos veraneantes matan peces inútilmente. Los pescan y ni siquiera los consumen. Es importante saber que tan sólo sobrevivirá uno de cada diez peces cuidadosamente desenganchados del anzuelo y lanzados al agua de nuevo con presteza. Todos deberíamos ser conscientes de que la pesca irresponsable colabora con el despoblamiento de las costas.
¿Qué tal si se reemplazara la caza submarina con arpón por la fotografía submarina?

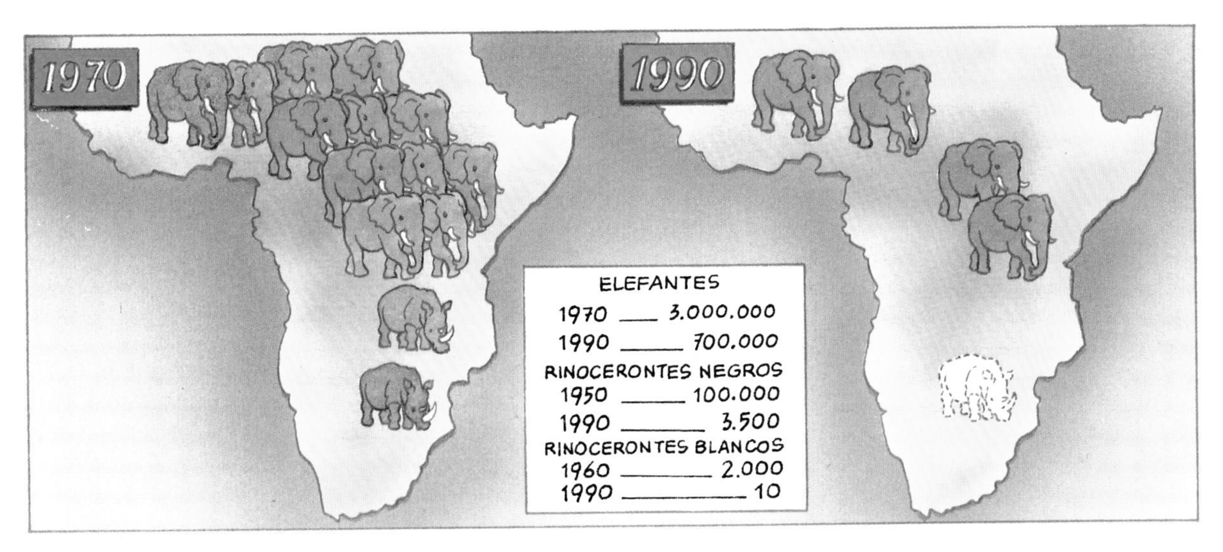
1970
1990
ELEFANTES
1970 ___ 3.000.000
1990 ___ 700.000
RINOCERONTES NEGROS
1950 ___ 100.000
1990 ___ 3.500
RINOCERONTES BLANCOS
1960 ___ 2.000
1990 ___ 10

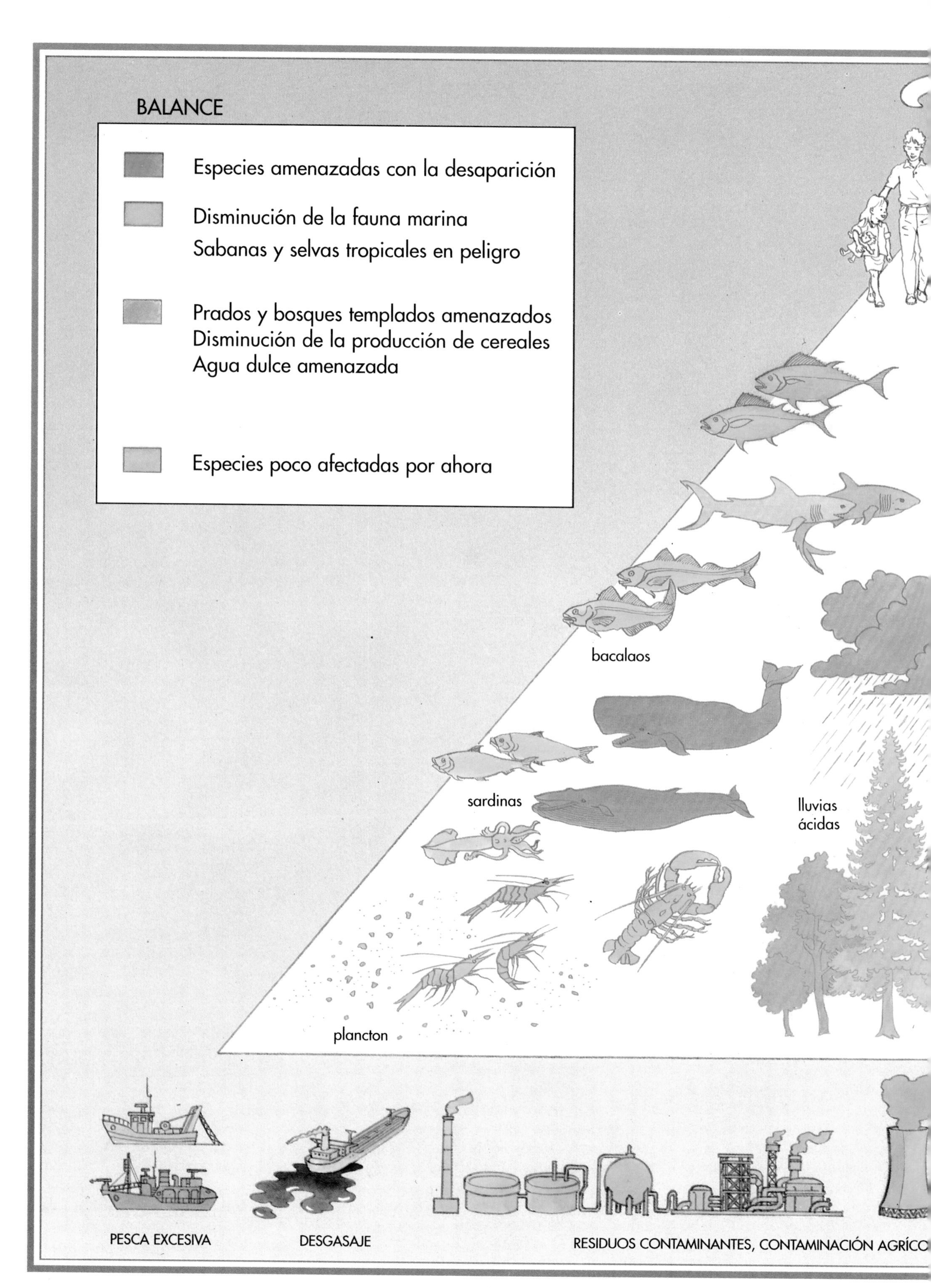
BALANCE
Especies amenazadas con la desaparición
Disminución de la fauna marina
Sabanas y selvas tropicales en peligro
Prados y bosques templados amenazados
Disminución de la producción de cereales
Agua dulce amenazada
Especies poco afectadas por ahora
bacalaos
sardinas
lluvias
ácidas
plancton
PESCA EXCESIVA
DESGASAJE
RESIDUOS CONTAMINANTES, CONTAMINACIÓN AGRÍCO

Los desequilibrios causados por
el hombre a su medio ambiente
Especies amenazadas, especies en peligro
Hace 200 años
TODO hubiera
estado en verde...
USTRIAL Y DE LOS AUTOMÓVILES
URBANIZACIÓN
CAZA DESTRUCTIVA